왜 딸려!

왜 딸려!

구로노동자문학회 시집

갈무리
1998

□ 서문

　구로노동자문학회가 창립 10주년을 맞는다. 지난 세월은 참으로 아득하기만 하다. 노동운동이 활화산처럼 솟구친 87년을 정점으로, 한풀 꺾여 내리막의 시작인 88년에 구로노동자문학회는 첫걸음을 내딛었다. 사뭇 강개가 없지 않았지만 소박한 그것이었다. 그렇기에 턱없는 과찬으로 위로 받기도 했고, 근거 없는 적대로 폄하되던 우리의 길이기도 했다. 많은 곡절과 인고의 나날이 그 길 위에 있었다.
　이제 어떠한 비평에도 넉넉해지고자, 우리가 건너야 할 슬픔의 강에 교각을 하나 세운다. 누구나 그 강을 건널 때 아픈 다리가 될 것이다. 그리하여 바라보는 그 강이 아름다워야 한다는 것이 우리가 지켜 온 사랑의 말이다. 우리가 쏟아 놓고 스스로 부정하기를 수천 번이었던 사랑의 말들. 그것은 다시 우리를 끊임없이 부정하며 바로 서게 할 것을 생각하니 욕심이 작아지고 발뒤꿈치가 올라간다.
　문학회 10년을 결산하는 이 시집은 아무런 작위가 없는 우리의 자화상이다. 전혀 허물이 없다고 말할 수는 없다. 지금 이 시간에도 노숙을 하며 무료급식소의 긴 행렬을 이루는 노동자들에게 한 잔의 시원한 청량음료나 푸짐한 밥 한 그릇이 되지 못할 것임을 헤아리면서도, 그동안 우리가 살아가기 위해 일하고 싸우면서 얻은 절실한 노래라는 생각으로, 문학적 가치와 함께 자료적 가치를 담으려고 고심하여 수천 편이나 되는 시들에서 70여 편을 골라 엮는다.

우리 문학회를 거쳐간 수백의 회원들은 지금 어느 길에 서 있던지 이 순간만큼은 자부해도 눈총을 받지 않을 것이다. 우리가 오늘의 이것을 영광이라 말할 수 있다면 그것은 그들 모두에게 돌려져야 할 것이기 때문이다. 그리고 우리 문학회에 오셔서 우리의 상처에 약을 바르고 붕대를 감아주시던 수백의 선생님들, 구로 지역의 노동조합, 민주단체들의 성원에 깊이 감사드린다.

세상은 여전히 노동자들에게 아픔을 준다. 더불어 더욱 질긴 희망도 준다.

1998 여름, 가리봉에서
구로노동자문학회

차례

□ 서문

제1부 회원 신작

손상열	자화상, 1998	13
	불안한 동반, 1998	14
	어떤 이별	16
조기조	시원을 찾아서	18
	피리가 된 나무	20
	갈대	22
송경동	꿀잠	23
	외상일기	24
	찍소리	26
황규관	다시, 지리산에서	28
	무명열사墓	30
	희망에 대하여	32
임성용	오래된 시계	33
	난	34
	행진	35
김미순	지는 꽃	36
	고백	37
	어뜬 귀경	39

이만호	거리에서	41
	집들이	42
	용답동 182번지	44
최로사	들여다보기 3	46
김연정	무너지는 밤	48
	너의 몰락	51
최종인	사람들	54
	신발	55

제2부 95년~97년

곽해룡	봉숭아 하나 2	59
김규열	노래에 관하여	61
김미자	월급받는 날	63
김일중	무덤 둘	66
박기협	참된 행복	67
박정훈	그네를 타며	69
이태원	철 지난 편지	71
	가리봉, 아름다운	73
이병해	역	75
임순호	바퀴氏	76

임종호	구명	78
	점심시간	79
정현아	아스팔트의 사나이	81
조수옥	폐가	84
최돈선	라면먹기	85

제3부 91년~94년

김덕희	내력	89
	왜 딸려!	91
김미숙	맞선	94
	나의 이력서	96
김용만	철산리 1	98
	단풍	99
	공구리벽 앞에서	100
김윤월	발을 닦자	101
김윤태	어쩌면 난 풍뎅인지도 몰라	103
백은주	총각 김 기사	105
손정남	야근일지 1	108
유시주	푸른 생명의 나무	110
이은영	탐조등 불빛을 바라보고 있노라면	113

정경규	짧은 시 1	115
	짧은 시 3	116
	아우에게	117

제4부 88년~90년

강보열	김하러 가신 어머니 1	123
	김하러 가신 어머니 2	125
권기돈	어느 노동자의 죽음을 생각하며	127
김순필	어머니의 유품을 정리하며	130
김창복	대결 1	133
	대결 3	134
박경호	그대 보내고	135
박청삼	관악산 언저리에 나는 살으오	137
	희망	138
양명화	우리들의 땅	140
유재건	숙에게	142
윤상남	터전	144
이현배	가위	145
황지선	공단의 밤은 가고	147

제1부 회원 신작

자화상, 1998 / 불안한 동반, 1998 / 어떤 이별   손상열

시원을 찾아서 / 피리가 된 나무 / 갈대   조기조

꿀잠 / 외상일기 / 찍소리   송경동

다시, 지리산에서 / 무명열사墓 / 희망에 대하여   황규관

오래된 시계 / 난 / 행진   임성용

지는 꽃 / 고백 / 어뜬 귀경   김미순

거리에서 / 집들이 / 용답동 182번지   이만호

들여다보기 3   최로사

무너지는 밤 / 너의 몰락   김연정

사람들 / 신발   최종인

자화상, 1998

살아있는 동안 나의 희망은 안녕한가
하루도 빠짐없이
철공장과 공사판으로 향하던 공구들과
졸린 눈으로 펼쳐진 조각신문 속의 세상
굴렁쇠처럼 쓰러지지 않고 달려온 먼 길
장마비가 휩쓴 논바닥의 벼포기처럼
아이.엠.에프 폭풍에 떠밀려
한칼에 목 짤린 채
코 묻은 돈과 조카 돌반지까지 저당잡힌 오후
오지 않는 전철을 기다리는 동안
고장난 시절은 나이를 먹는다
몇몇 후레자식들이 팔아먹은
아이의 분유값과 가장의 하루
기차가 지나면
난 또 무엇을 기다릴 것인가
오,
고향 실개천처럼 말라버린
생의 고독이여

불안한 동반, 1998

 동서기로 사십 년을 일한 오촌당숙은 정년퇴직을 앞두고 임용 전 닭서리를 했다는 이유로 해고당했다

 드골 밑에서 파리 경찰청장과 예산장관을 지낸 파퐁은
 여든 일곱 살에,
 유태인들을 수용소에 강제로 수송한 혐의로 십년형을 선고 받았다

 괴뢰정권 아래서 신문을 사흘만 발행했어도 폐간시켰던 프랑스의 결정은 정당하다고 말하는 민족문제연구소의 윤덕환 선생은 친일파들을 연구했다는 이유로 핍박받은 반체제 인사다
 일본대사관 앞에서 위안부할머니들이 농성을 해도 강건하게 조선일보와 동아일보 깃발이 펄럭이는 한
 참회하는 열도의 얼굴을 볼 수 없다고 믿는 그의 생은 비관적 국수주의자다

 유태인의 무덤 앞에 무릎꿇는 라인강의 태양과
 인간을 존중하지 못하는 태도가 민족의 전통이듯

여전히 인기가 하늘을 찌르는 미시마 유키오의 오만한 열도를 우리는 어떻게 얘기할 것인가?

 군사정권이 가져다 준 삼십 삼 년의 비겁한 동반이
 국민의 시대에도 어색한 까닭은 부끄러움을 드러내지 못하는 너와 내가 있기 때문은 아닌가

어떤 이별

 그의 눈속에 있는 안개 낀 호수를 보았을 때 나는 불안한 마음이 스치고 지나갔다
 그가 습관처럼, 기억을 잊지 못해 슬프다고 말했을 때
 나는
 고향을 등지던 날 호수에 묻은 그의 늙은 어미와
 파업과 복직으로 콘베어 위에서 각혈의 생을 마감한
 그의 여자를 떠올렸다
 알 수 없는 깊이에서 퍼올린 듯
 무겁고 침침한 그의 목소리가 갈대처럼 떨렸을 때
 나는 호수가 있던 소읍의 길들을 더듬었다
 공사장 잡부와 용접공과 여관뽀이와 철공장 시다와 신문배달부와 화물차 조수로 안개속을 배회하던 그가
 병실에 누워 있는 저녁무렵
 나는 처음으로 평온해진 그의 얼굴을 보았다
 거미줄에 걸린 벌레처럼 헐떡이며
 누군가의 영혼을 수혈하는 동안
 나는 처음으로
 그의 눈속에서 안개가 걷힌 호수를 보았다
 그가 떠난 후,

내가 소읍을 찾았을 때
그는 깊이를 알 수 없는 물속에서 웃으며 손을 흔들었다

시원을 찾아서

드넓은 대양을 돌아
도도한 강을 거슬러
세찬 폭포를 차 오르는
연어의 꿈은 무엇인가

오를수록 깊어지는
계곡의 시원을 찾아
핏자국을 남기는 생애의
간절함은 무엇인가

이윽고 여울은 잦아들어
물소리 사라지고
발자국소리
끊기고

깊은 고요 속으로
제 무게 넘칠 때
무심코 떨어지는
물방울을 본다

마음의 샘가에
파문이 일 때마다
평정과 싸우는 자의
의연함은 무엇인가.

피리가 된 나무

욕망의 세월에
열매 욕심 없이
푸르게 곧게
크는 대나무

곡절이 많을수록
옹이는 삭이고
나이테는 지우며
사는 대나무

세상의 나무들
한창 때 꽃 피우고자 하나
일생의 단 한번
죽음으로
꽃 피우는 나무

하늘과 바람과 땅의
소리를 얻고서
피리가 되어

사람과 노래하는 나무.

갈대

낮이나 밤이나 곧게 서있는
갈대는 멀리 바람을 부른다

바람을 불러 바람을 향하여
흔들리며 흔들리며
곧은 생각 곧은 자세를 되묻는다

자신을 곧게만 키우는 것
온통 뒤흔들어 사정없이 꺾어버리기도 하는
바람이라는 것을 아는 갈대는

마침내 몸통 안에 가득
바람을 담고 서서
곧은 생각 곧은 자세를
쉬임없이 뒤흔들어본다.

꿀잠

전남 여천군 소라면 쌍봉리 끝자락에 있는
남해화학 보수공사현장에 가면, 지금도
식판 가득 고봉으로 머슴밥 먹고
유류탱크 밑 그늘에 누워 선잠 든 사람들 있으리

삼 사십 분 눈붙임이지만, 그 맛
갈대밭 뭉그러뜨리는 영자와 그 짓보다 찰져
신문쪼가리
석면쪼가리 깔기도 전에 몰려들던 몽환

필사적으로 필사적으로
꿈자락 붙들고 늘어지지만
소혀처럼 따가운 햇볕이 날름, 이마를 훑으면
비실비실 눈 감은 채로
남은 그늘 찾아 옮기던 순한 행렬

외상일기

단칸 셋방 부엌창을 열고
빗소리를 듣다
아욱, 아욱국이 먹고 싶어
슈퍼집 외상장부 위에
또 하루치의 일기를 쓴다
오늘은 700원 어치의 아욱과
500원 어치의 갱조개
매운매운 300원 어치의 마늘맛이었다고 쓴다
서러운 날이면
혼자 한솥 가득 밥을 짓는다고 쓰고
외로운 날이면
한 양푼의 돼지고기를 볶는다고 쓴다
시다 삼기가 '신라면 두 개'라고 써둔
앞장에 쓰고
공업사 직공들 '소주 두 병에 참치캔 하나'였다고 쓴
앞장에 쓴다
민주주의여 만세라고는 쓰지 못하고
해방 평등이라고는 쓰지 못하고
슈퍼집 외상장부 위에

쓰린 가슴 위에
쓰고 또 쓴다
눈물국에 아욱향
갱조개에 파뿌리
그러나 우리 마늘처럼 독하게 살아야 한다고
또 하루치의 일기를 쓴다

찍소리

찍소리내고 얻어터진 적 세 번 있다
참새떼 못잖던 우리에게
코끝이 토마토던 기술선생
깨스! 시켜 두곤 찍소리만 내봐라 하는 순간
눈 마주친 짝궁아이 장난끼 서린 눈이 너무 재밌어
나도 그만 모르게 찍,

두 번짼 중3 시절
늦은 밤 자율학습시간
학생과장 고스터가
찍소리도 내지 마, 했을 때
슬리퍼소리 사라지기 기다려 히히 찍,
어떤 개새끼가 찍소리 냈어
마루장 무너지던 소리, 온 밤을 터졌다

그리곤 말썽쟁이 고3 시절
학력고사도 끝나 널널한데
그렇잖아도 졸업식날 보복 1호인 게쉬타포가
한 날은 말 같잖은 말을 했다

예를 들면,
찍소리 내지 말고 공부해! 와 같은 말
참을 수 없어 크은 소리로 찌이익, 해버렸다
12년 간 주눅든 어떤 것으로부터 설움과
해방감 나른히 몰려들던 한 낮
뒤돌아보지 않고 나는 학교를 떠나고 말았다

그 뒤로 십년이 더 지난 오늘
나는 곰곰이 생각해 본다
자라오며 그 찍소리 몇 번이나 더 해보았나
어떤 힘 무서워 이제 나는 작은 소리마저 눈치보며 하는
것일까
똥누다 말고 작은 소리로나마 찍, 해본다
누구도 이젠 나를 치지 않는데
마음에 찡하니 젖어오는 슬픔 한줄기

다시, 지리산에서

북풍한설의 무게를 이기는 겨울숲
눈길 더듬어 다시 찾아오면
심장 속까지 부는 눈보라.

지나온 흔적마저 깨끗이 용서받고
山頂에 서면
보아라 여기
눈보라에 지워진 숱한 골짝과 산자락을
맨몸으로 감당하는 고사목,
우리 그 아래서 허물어지지 않으면
지난밤 고통스럽던 그리움도
서리빛 달빛도
다 속된 것을.

눈 못뜨게 휘몰아치는 눈 속 더듬어
살 쩍쩍 가르는 지리산에
다시 찾아오면
生의 원점을 가리키며
날 관통하는

눈보라.

무명열사墓

죽어서 이름 석자 벗어버리는 거
얼마나 아픈 깨달음인가
으스러진 살점
흙에게 천천히 내주고
채 부서지지 않은 뼈는
싯푸른 하늘에 낮달로 떴는데
무덤 귀퉁이,
산자의 발길에 채여 허물어져 있구나
무명열사
오래된 한 잔의 술을 앞에 둔 채
무슨 생각 그리 사무쳐
오고 가는 발걸음에
눈길 한 번 주지 않는가
비 내리고 바람 불고 하늘에 섬광 휘날리는 날
목숨도 이름도 다 버린 후
그대 누워서
지층 한겹 감당하고 있구나
죽어서 이름 석자 벗어버리고
야트막한 산, 자드락에 누워

산자의 발길에 무심할 수 있는 건
얼마나 욱신대는 아픔을 견뎌야
다다를 수 있는 것이냐.

희망에 대하여

이승의 강을 건너려면
얇은 희망 한 벌 걸쳐야 하는데
지금, 맨몸이구나
내 몸에서 피던 푸른 잎이
여태 희망인 줄 알았는데
길 모퉁이를 돌아 사라지는 찰나의 네 뒷모습이
나를 잎 지게 했다
새들은 내 삶에서 다 떠났다
이제 내 맨몸이 희망이다
보아라, 시커먼 삶의 아가리가
나를 향해 활짝 열려있다
그 속에, 아뿔싸,
네가 있구나

오래된 시계

서울 간 누님이 커다란 벽시계를 사온 것은
하마 이십 년 전이었다.
내 어릴 적 설날, 누님은 이쁜 옷을 입고 집에 내려와 빛바랜 가족사진이 걸린 웃방 봉창벽에 시계를 걸어놓았다.
태엽을 감고 솔방울만한 추를 살짝 흔들면
집 뒤안 대숲에서 해가 뜨고 감나무 잎새에 별이 질때까지 시간이 가고 낭랑한 괘종이 울렸다.
누님은 시내버스 안내양, 오라이 스톱 오라이 스톱
몸을 뒤척이며 잠꼬대를 하기도 했다. 그렇게
실핏줄 같은 꿈속에서 가난에 뒤척이던 아득한 세월이여.
나는 낡은 벽시계를 볼때마다 누님의 잠꼬대가 생각나
가족사진 안에서 웃고 있는 열아홉 누님의 얼굴을 본다.
지금, 마흔이 넘었을 감감 소식없는 누님.
설 명절만 되면 늙은 어머니는 고장난 시계를 고칠 수 없겠냐며
그 오래된 벽시계를 정성스레 닦는다.
긴 그믐밤 무우채를 썰다 자꾸만 자꾸만 손등을 벤다.

난

연분홍 꽃이
말없이 피었다
오늘따라 유난히 가느다란 그녀의 목덜미
꽃대궁처럼 여위어 보였다
길게 늘어진 이파리들이
소리없이, 거뭇거뭇 메말라 갔다
그녀는 출근 시간에 쫓기면서도
화분에 물을 주고
햇빛이 잘 들도록 창문을 열어 놓았지만
꽃은 지고
난이 죽었다
아무 말없이 소리없이.
그녀가 웃었다
납땜으로 찌들어진 거친 손
버짐살이 낀 그녀의 얼굴에서
문득 아름다운 향기가 퍼졌다.

행진

결의대회를 마치고
공단로 따라
우리는 어깨를 걸었다
서녘 하늘 움추린 노을이
확 터져 나오고
노래를 불렀다
벗이여
그리운 이름을 불렀다
작업화 발자국 쾅쾅 구르며
총구는 보이는가

무차별 최루탄을 뚫고
한 걸음 내딛다 쓰러진 곳
고향집 울타리 기어오르던
비틀비틀 기어오르던
녹슨 철조망에 붉은 나팔꽃

지는 꽃

세상엔 꽃도 많아
개나리 진달래 개망초 민들레
봉숭아 나팔꽃 달맞이꽃 동백
철따라 새롭게 피어나는 들꽃들

거무스름한 울엄니 얼굴엔
하얀 저승꽃이 피기 시작했다

고백

비가 옵니다
머리가 가려올 만큼의 비가
재활용도 안되는 이 도시에
천천히 옵니다
어줍잖게 이곳
가리봉을 안으려 했던
허접쓰레기 지식을 보란 듯이
콕콕 쑤셔대며 온 몸에 스며들고 있습니다

꾸역꾸역 풍겨오는 썩은 냄새
치우려 했던가요
한걸음 건너 밟히는 피다만 꽃들
이곳을 품으려 했던가요
노동문학을 공부하며
세기말의 몸부림을 손가락질 했던 난
무엇을 했나요
지겨울만큼 술에 취해 벌개진 눈으로 얼굴로
구석구석에 온갖 찌꺼기들을 토해놓고도
내 것이 아닌 양 희뿌연 공장굴뚝만 쳐다보았군요

한때, 이곳엔 사람들이 살았지요
지금도 사람들은 많이 살지요
그 속에서 지나간 고민 싸안고
제자리걸음 하는 나에게·
얇은 지식의 딱지들이 하나씩
뚝 뚝 떨어져 가는군요
찰싹 붙은 마지막 딱지 떨어져 나갈 때
상처 드러나 쑤시는 쓰라림을 참고
말간 속살 비칠 그쯤에
다 버리고 알몸뚱이로 다시 하렵니다
하늘에 대한 공부부터 다시 하렵니다

어뜬 귀경

　글씨 나가 신촌 그그라이스 백화점인가 하는 곳에 앉아 있었는디 아 눈구멍에서 불이 나는 줄 알았당께 뻔쩍뻔쩍 하드랑께 빨강바지노랑바지 아 요상한 옷들을 입고는 화장도 찐허게들 했등만 어뜬 년은 술집년 맹키로 못봐 주겄고 또 어뜬 년은 쩌그 코쟁이들 하는 것 맹키로 빨갛게파랗게 칠했는디 아 속이 울렁거려서 말이여 모다 배우들 같등만 아주 멋지드랑께 아 머슴애들은 쪽 달라붙은 바지에 머리도 쪽 뽈아서 얼굴에 달라붙어 있는디 아 머리가 긴 놈들은 가시내인 줄 알았제 가방도 없는 거 봉께 학생들은 아닌가벼 근디 갸들 에레 보이든디 머하는 집 애들인가 몰라잉 애 어른 할 것 없이 왔다갔다 하는디 먼 인간들이 많디야 빙빙 돌겄드랑께 그라고 누가 소리를 질르드라고 나한티 그란 줄 알았제 아 깜짝 놀래서 돌아봉께 거 핸드퐁인가에 대고는 히히 아 아무도 없는디 그 기계에 대고는 그라드랑께 아 여그저그서 저 먼디 쳐다봄서 구시렁구시렁 하는 걸 봉께 웃기등만 그라봉께 입안이 뽀짝뽀짝 타서 음료순가를 샀는디 비싸드랑께, 바가지 썼다고, 그랄 수도 있겄네만, 여근 대낮 같어 밤인줄 낮인줄 모르것당께 옴마 저 작것들 저 먼 짓거리라냐 사내 두 놈이 가시내 한 년을 부축하다가 가시내년이 맥없이 늘어져분께 한놈이 업었구만한 놈은 가방들고 쫓아가구 말이여 아니 술을 쳐먹어도 행길가에서 나가기가 맥혀서 대학교 가믄 다 저럴 수도 있당가 오매 그라고 이 먼 난리라냐 차가 가들 못하구만 어찌나 인간들이 많은가 인간들허고 차허고 씨름허고 있당께 근디 쪼깐 이상항게 있당께 뻐스 말고 저 자가용 탄 사람들 젊은 사내놈허구 가시내 둘썩만 탄 것들이 많구만 아니 이쪽도 그라고 저쪽도 그라고 탔구만 저것들 즈그 차들이까 여근 돈 많은 사람들만 모댔나베 아 그래도 그렇지 젊은 사람들이 그래도 우리 보담은 많이 배운 사람덜일 것인디 저래도 쓴당가 나 살아온 것이 머가 되것능가 변변한 집 하나 없는 나는 어째야 쓰까 미치고 환장하겄구만 아 눈베링께 빨랑 내리오라고, 허파에 바람 넣어 갖고 오지 말라고, 그랴 나헌티 남은 것이 머가 있었어 빈손으로 왔응께 빈 손으로 갈 것이구만 그랴 내리가믄서 사과 한 봉다리는 사들고 갈 수 있제 그 양반 왜 여그서 만나자고 했는지는 알것는디 세상 변허는 것 좀 보라고 그랬을 것 같구만 그래도 이것만은 아니것제 그래도 말이여잉 여그 나가 본 사람들이 다는 아니잖여 딴디 사람들 더 많이 있잖녀 그 사람들은 그 사람들은 말이여잉

거리에서

거리에서 만나자
눈부신 세상 아래 부끄럼이 없다면
바람 부는 거리에서 만나자

평생을 잊지 못 할 기억 하나 떠오르면
꿍한 가슴 탁탁 털어버리고
근육질의 빨간 머리띠 한번 묶어보자
세상의 인연이라곤
최루가스 자욱한 명동거리
새벽을 헤쳐나간 기억밖에 없다면
고가도로 아래 철의 요새 기억이 나겠지

친구야, 찬바람 거리에서 만나자
먹을거리 입을거리 걱정 말고
뱃심 두둑한 맑은 얼굴로
당당하게.

집들이

병해형 집에 얹혀 살았다
자꾸만 꺼져가는 연탄 아궁이에
한겨울에도 냉방에서 지냈다

백에 육만원짜리 지하 셋방
육개월을 채 못넘기고
건너방 불륜의 가스폭발로
고스란히 알거지가 되었다

삼백에 팔만원짜리 반지하 셋방
보일러 가스에 목젖이 따끔거렸고
장판 밑을 스물스물 습기가 올라왔다
쥐며느리, 귀뚜라미, 거미, 바퀴벌레, 개미
심지어 맹꽁이까지 농장을 이루었다

칠백여 만원을 저당 잡히고
천삼백 전세방을 얻었다
지상 2층의 방 한칸
서울살이 팔년에 햇볕드는 방 한칸

나는 지금 지상에서 새벽을 노래한다

용답동 182번지

전동차가 잠이 들었다

가선 단전
새벽 1시부터 4시까지
연동

하루 20시간을
끝도 없는
2호선 원형 싸이클을 돌다가
성수를 지나 군자로 왔다

축 처진 어깨 늘어뜨리며
매연 사이로 웬 별 하나 바라보며 입고한다
하루 400만의 시민의 발
자랑스런 지하철의 뒤안길

몇 시간의 단잠 뒤에
못난 검수원 하나 키 꽂아 깨우면
눈물 그렁한 졸린 눈 부비며

단 몇분의 오차도 없이
도시의 아침을 시작한다

양쪽 눈빛 반짝여본다
머리를 들어본다
모가지가 뻣뻣하다
다시 기운을 모아
윙하고 심장소리 시작이다

서른 한 살 서러운 노동에
지난 달, 영원히 대차 프레임에 붙어버린
어여쁜 처녀 살점 하나 달고서
한많은 노동의 눈물 움키고
머리에 띠 하나 질끈 맨다

손배철회. 원직복직

들여다보기 3
— 사기꾼

사람 망가지기 참 쉽다
학교를 벗어나 사회라는 야비한 황야에
홀로서기를 시작했을 때부터다
'순수', '진실'이라는 단어를 머리 끝에 매달고 쉼없는 갈망으로
그 느낌을 가슴에 부여 잡아보려 하지만,
귀찮게 한다는 단지 그 이유만으로 사람을 헐뜯는 옹졸함,
논리와는 상관없이 웃음으로 넘겨보려 했던 위기의 순간들
— 사람에 대한 가벼움?
약삭빠름을 체득하는 건 어렵지 않았다
자본에 휘둘려 복권을 사볼까 하는 허황된 욕심
노동없는 대가에 대한 은근한 기대
가난해서라기보다 나눌 수 있는 여유의 부족이
허덕이는 살림을 살게했다
이제는 빈주머니 때문에 사기꾼이 되어 혼자 망가지기는 억울한지 누군가의 바지 끝을 잡아끄는 이기심을 당돌하게 부릴 정도이다

그는 숨을 거두어 모아 땅이 꺼지도록 쏟아 붓는다

자꾸만 처지는 고개를 추켜보려고
이번이 마지막이다 싶게,
서울 하늘의 청명함으로도 만족하려는 게 죄는 아닐테니

무너지는 밤

조는 이 하나 없다

규칙적인 기계음에
보조를 맞추느라
그보다 몇배로 분주한
라인 구석구석 몸놀림들

야식시간 지난 지 두 시간
반쯤 풀린 퀭한 눈에 어린
서글픈 시간들

이따금 가사를 알아들을 수 없는
최신가요가 귀속을 후빈다

부담스러운 위가
머리를 짓누르기 시작할 때

맞은 편 스무살내기
긴 하품 한 번에 눈물이 글썽

무안한지 눈웃음만 짓는다
나도 웃는다

공장만 벗어나면
집만 나서면
써먹을 데라곤 없는
그러나 내 기계 앞에서만은
늘 강자이고 싶은
50만원짜리 몸뚱이

비가 내리고 있을까
옥상에 널어 놓고 온 빨래는
밤새 안녕한지

비젖은 빨래마냥 무너지는 몸
얼마만큼 더 무너져내리면
쏟아지는 햇살에
눈 비벼볼 수 있을까

새벽 기다리다 지쳐
공장 담벼락에 기대어
새근새근 잠이 들었을
어린별들

너의 몰락

비대한 너의 몸뚱이를
처음 보았을때

나는 이미
너의 몰락을 예견했었네

잘 익어오른 양볼에 밀려
보이지도 않는 두 눈

휜 두 다리로는 떠받칠 수 없는
피둥피둥한 너의 복부

맛깔스런 음식만 보면
넘치는 식욕을 주체못하고
쩝쩝 입맛다시던 너의 시뻘건 혀

몰락의 징표였네

마침내 너는

갈갈이 찢겨나갔네

팔다리는 법정관리 신청
머리는 화의신청
몸통은 매각
다리는 청산

너의 영광 뒤에 숨겨진
빛나는 특혜따윈 더이상 없으리

이리하여
성실과 신뢰하나로
이 나라 경제를 이끌어온 우리들
서울역으로 을지로로
기약없는 길을 떠나겠네

그러나
나는 아네
너의 왜소한 몰골도 잠시뿐

구조조정 깃발이 바랠 때쯤
아무도 구조조정을 입에 올리지 않을 때쯤
너는 자본의 나무에 휘감겨
탐스러운 열매들을
낼름낼름 따먹고
성장할 것이네

아름다운 자본주의 땅에
너는 쓰러질 듯 쓰러질 듯
쓰러지지 않는
영원한 오뚝이

사람들

노약자, 장애인석에
그들은 없습니다
밀림에서 빠르고 힘센 짐승만이 살아남듯
젊고 얇삽한 사람들 사람들만이
죄지은 모습처럼
앉아서
책을 읽거나
졸고 있습니다

벗이여
이제 나는 눈길 한 번 주지 않겠습니다
노약자, 장애인석엔

신발

오래된 신발들을 바라보았습니다
끈이 떨어진 신발
옆이 터진 신발
앞이 터진 신발
뒷굽이 닳은 신발
짝 잃은 신발
이들은 모두 다 웃음을 짓고 있습니다
새신은 부러워 부러워서 해맑게
웃음을 지어보았습니다
서투르게

제2부　95년~97년

봉숭아 하나 2　곽해룡
노래에 관하여　김규열
월급받는 날　김미자
무덤 둘　김일중
참된 행복　박기협
그네를 타며　박정훈
철 지난 편지 / 가리봉, 아름다운　이태원
역　이병해
바퀴氏　임순호
구멍 / 점심시간　임종호
아스팔트의 사나이　정현아
폐가　조수옥
라면먹기　최돈선

봉숭아 하나 2

새벽별이 고운가요
첫서리가 내리나요
창문 하나 없는 지하 콘크리트 작업장
갓이 까맣게 타들어간 침침한 형광등만 깜박거려요
찬바람이 부나요
담장 아래 키 작은 봉숭아는 어찌 되었나요
뛰어넘을 수 없는 높은 담장
그 위에 비수처럼 박힌 유리조각
키작은 봉숭아는 아직 그 아래 서있나요
담장보다 더 높은 굴뚝
그 굴뚝이 토혈처럼 쏟아내는 까만 연기
키 작은 봉숭아는 아직 쓰러지지 않았나요
꽃씨 하나 담지 못해
끝내 터트리지 못하고 떨어져버린 씨주머니 하나
아직도 밋밋한 내 가슴 같았어요
찬바람이 그쳤나요
깜박깜박 시들어가는 형광등 주위로 몰려든 빠우가루
하루살이 주검처럼 작업대 위로 수북이 떨어져 죽어요
아이나

가슴이 답답해요
마이 엠프톨
피기침이 쏟아질 것 같아요
리팜핀
다리가 후들려요
염산 피리독신
자꾸 눈이 감겨요
첫서리가 내렸나요
별이 졌나요

노래에 관하여

개인적 요구가 다양해진 만큼
모임 때 빈 의자가 늘어갔다
당당해지는 변명들을 깨지 못한 채
슬그머니 자리를 정리하고
일찌감치 술자리로 향했다

돌고도는 술잔속에
어깨걸고 함께 부르던
우리의 노래는
컴퓨터 기계음이 빼앗아버렸다

화끈한 컴퓨터 반주
돌아가는 현란한 불빛
나만을 위해 준비된 무대 위에서
가수가 되어 우쭐함을 느낄 때
내 노래는
자본의 찌꺼기가 되어 화면을 흘렀다

내일을 얘기하던 동지들은

관객이 되어 환호성을 보내오고
이제 우리는 함께 있어도
오직 혼자일 뿐
나는 이 자리가 외롭다

무대 위에서 내려가
동지들과 어깨를 함께 하는 날
개인주의라는 적을 물리치는 날
빈 의자들이 채워지고
우리의 노래를 다시 부를 수 있으리라

월급받는 날

이번 달에는 꼭 김밥 싸들고
경기도 근처 야산에라도 갔다 와야지 하고
맘먹은 게 벌써 몇 달째

이번 달에는 무슨 일이 있어도
레스토랑에서 돈까스 좀 원없이
먹어보자고 월급 받는 날을
벼르던 스무살 인순이

항상 허리가 아프고
눈이 침침하다는 시골 어머니께
영양제하고 좋은 안경 사줘야겠다고
몇 달 전부터 얘기해 오던
명희도
월급 30만원에서
시집 밑천으로 20만원 적금 붓고
나머지 10만원에서
계절이 추워오니 싸구려 털잠바에
구두도 하나 장만해야겠고

스킨로숀도 제일 싼 걸로 적고

밤이 늦도록
벌써 몇 장째
한달 쓸 용돈을 이리 짜보고 저리 짜보더니
달랑 손에 남은 4만원
이번 달에는 연탄도 아껴 아껴써야 할려나 보다고 울상이다.

그렇게 가보고 싶은 산도
동해도
유원지도
우리들의 쉼터가 되어주지 못한다

이십대의 화창한 나이에
잔업으로 생기 잃은 얼굴로
오늘 내일 하루 하루 보내며
기다리는 건
월급받는 날

30일 일해주고 받는 월급봉투의
기쁨은 아주 잠시
몇 년 후의 몇 십년 후의 내 모습은
잔업에 야근에 지쳐 보이지도 않아
그나마 가질 수 있는 소망은
힘들게 적금 부은 것으로
잘 사는 남편감 골라 시집가는 그 날을 꿈꾸는 것

아, 언제일까
넓은 동해와 산,
잘 다듬어진 유원지, 롯데월드,
63빌딩의 수족관
이런 것들이 우리의 휴식공간이 되어줄 수 있는 그 날은
시집 밑천 벌기 위해 아등대다
이 서러운 세월 마감할 날은.

무덤 둘

처녀 같은
어머니의 가슴이
식어버린 날
갯벌 훤히 보이는 언덕받이에
어머니의 숨을 묻었다

달 없는 밤이면
남 몰래 울음 쌓고 돌아오던 아버지

어머니의 무덤가에
아버지 외로이 떠돈
십 수년을 묻고 나니

두 분 좋다

참된 행복

요새는 쫓기는 감이 든다
TV를 보며 개그맨의 웃기는 말을 들으며
저 사람은 행복하게 사는가 의문이다
행복의 기준이 헷갈리기 시작하는 요사이
쫓기듯이 행복한 일을 찾으려고 하고
속 깊이 조금이라도 차지 않으면
나에게 행복이란 어울리지 않는다고
비하하기도 한다. 괴로운 일이다

요새는 여전히 쫓기듯 괴롭다
부산으로 전화하여 어머니와 통화하면
참으셨던 눈물을 흘리신다
나만의 행복을 바란 적이 있었던가 반성하면서도
어머니에게 행복을 드리지 못한 것 같아
전화하기가 망설여진다
이것도 옹졸한 나만의 행복에의 집착인지
의문으로 길을 걷다 눈물 흘린다

요새는 큰누나에게도 화를 자주 낸다

부산에 자주 전화를 해주라는 당부에
자주 하면 뭐해요 좋은 일도 없는데
누나는 그래도 자주 하란다
다음에는 화가 난다
내 어려운 마음을 왜 몰라 주는가
내심으로 분풀이가 난다
이것도 나만의 행복의 집착인 것을
큰누나에게 미안한 마음으로 깨닫는다

요새는 참된 행복이 무엇인지
헷갈리기 시작하면서 하나씩 얻는다
나만이 아닌 사람들이 좋아하는 일을
성실히 성사시키는 것이라고
하지만 너무나 멀리 멀리 있다
나만을 위하지 않는 우리의 행복
가정만을 위하지 않는 우리의 행복

그네를 타며

공원 놀이터
그네 몇개
그 중 하나에 몸을 싣는다

건너편 그네를 타는 아가씨들
호호 깔깔거리며 웃는다
나도 따라 웃음지었다

깔깔거리는 아가씨들의 웃음을
그네에 싣고
그대로 하늘을 날았으면 했다

하루 세끼 걱정에 주린 배 움켜잡고
출근 카드에 잔업 몇 시간 올라가도
움켜 쥔 배 풀 수 없는 생활
눈물방울 흘리며 희망을 찾으려 했다
그렇게 그네를 타며

쌩쌩 바람을 가르며

나는 그네를 타는 게 아니라
이미 지쳐버린 하루를 되돌리는 거다

철 지난 편지

 지난 삼년은 삼십년만 같았습니다 실없이 픽픽 겉늙어가는 아들을 보며 어머니의 마음은 어땠을까요 세상의 불효란 이런 데에도 있습디다

 이제 남은 친구는 별로 없습니다 그저 그런 것이올시다 알고보면 그 친구들은 다수의 편에 있어야, 지배적인 동심원에 있어야 심리적 안정을 갖는 자들이었습니다 하지만 언젠가는 다시 만날 것입니다 우리가 다수가 되었을 때

 아침밥을 거르지 않습니다 구보도 하죠 아니하면 좀이 쑤십디다 체중을 줄이니 몸이 가벼워졌다는 畏友가 있습니다 이 지당하고 당연한 일들을 그간 너무 무시한 건 아닐는지요

 마음은 작게 먹고 일은 크게 해야 할 시기라고 봅니다 천리를 뛰는 마음에 십리도 못 미치는 걸음 경계해야 할 내부의 적입니다 우리가 늙어 은퇴한 날에도 새빛 들지 않으면 어떻습니까 長江의 앞물은 뒷물이 밀어내는 것을

삼십년을 삼년같이 살 수 있다면 얼마나 좋을까요 서로 때리지 않고 살 수 있다면 얼마나 좋을까요 늙는 줄 모르게 늙을 수 있다면 얼마나 좋을까요 아주 해맑은 날에 가리봉 시장에서 막걸리 한잔 합시다

가리봉, 아름다운

그 거리의 담벽은
아직도 시다를 구하는가
내가 머물던 거리
아침밥 대신 초코파이로 끼니를 때우던

배운 게 없으면
미싱이라도 배워야지
벌어놓은 게 없으면
철야라도 해야지
꿈도 야무지던 시절

지나갔네

지나갔네 내 청춘
속절도 부질도 없이

세월이 자꾸 가면
肉脫하고 뼈만 남는 것
하얀 뼈

사랑하여
살 떼어 주고 싶은
죽어도 게서 죽을 수밖에 없는

벗들 아름다운 거리
나 돌아가야지

다 살았다 하는 날
다 버리고 가져 갈
사연, 사연이 살아있는
가리봉 다섯 갈래 길

이런 자들과 사귀었노라
자랑할 이름들 면면한 거리에

이렇게 하얀 뼈만 남아
이렇게 하얀 웃음만 남아

역

신도림역, 서울역은 있어도
아무도 내리지 못한 역이 있다. 해방역
하루에 사백 만 일년에 십사 억이 타고 다녀도
아무도 가보지 못한 역이 있다. 해방역
새벽부터 밤까지 일 년을 달려도
한번도 정차하지 못한 역이 있다. 해방역

바퀴氏
― 도시인

그러니까 바퀴씨, 내 하나뿐인 동거자
(나는 바퀴씨를 존중해 주는 척한다. 바퀴씨는 많이
외롭고 또 사귀는 것은 좋아하지 않는다.)
뭔가를 혼자 먹는다는 것
라면이든지 밥이든지 붕어빵
나는 딱딱한 붕어빵을 씹는다. 그러나 채 한 입도
다 먹지 못한다.
바퀴씨 간식시간이야!
나는 붕어빵을 밀어 놓는다. 꺼끌꺼끌한 가슴
방안은 냉기로 가득하다.
가끔, 나는 방 한쪽 구석에 쪼그리고 앉아 천장을
한없이 쳐다보고 있다. 나를 가만히
지켜만 보는 바퀴씨. 나는 웃을 수 있다. 잠깐
언젠가 바퀴씨가 내 어깨로 올라온 적이 있다.
나는 막 화를 냈어, 이건 비밀인데 바퀴씨는
먹성이 대단해서 자주 쓰레기 더미를 뒤지고
다닌다. 그리곤 생전 씻질 않아.
그래서인지 바퀴씨는 소심해졌다.
걸레는 바퀴씨의 이불이다.

나는 낙엽을 주워 바퀴씨에게 권한 적이 있다.
그러나 바퀴씨는 변화를 싫어한다.
밥이 다 됐어, 이봐 바퀴씨, 밥 먹어
거기 냉장고 밑에 숨은 거 다 안다구
바퀴씨는 아직 간식시간인지 붕어빵 봉지로
숨어든다. 찬이 맘에 들지 않나 본다.
나는 채 한 공기를 다 먹지 못한다.
눈물이 날 것 같다. 그러니까 바퀴씨
내 하나뿐인 동거자

구멍

먼지마저 눅눅한 공장
쇠를 깎는 기계소리
쇠를 치는 큰망치소리 분별할 수 없는 잡소음들이
등골짝 땀줄기를 거슬러 뒷골에 휘감기는데
영영 순덕이는 못 보는 걸까?
철크덕 쑹덕 찌익 틀이 잘못 뚫릴 때마다
놀라 달아나는 순덕이 얼굴을
그래도 놓칠 수 없다 어쩌나
철크덕 쑹덕
내 하는 일이 기름장이라설까 철크덕 쑹덕
찌익 지미럴
레바에서 손을 떼고 바라본 천장
스레트 지붕에 철크덕 쑹덕 구멍 하나 뚫려서
내리꽂는 광선 게슴츠레 눈이 부시다
저 구멍 속으로 빛 속으로 하늘로 순덕이한테로
철크덕 쑹덕 솟아나고픈
구멍 뚫는 작은 소음
순덕아!

점심시간

준비해온 도시락 보자기를 풀고 둘러앉아
동그라니 안전등 불빛을 모으면
땀이 식어 오싹해지는 등골
몸서리를 쳐본다
꾹꾹 눌러 담은 밥
한 술 뜨는 수저엔 검정물이 구르는데
마땅히 훔쳐낼 데도 없이
그냥 입에 넣으면
앞선 신세타령 목에 걸린다

야야 이 자식들아,
예비군복을 입은 광업소장
지휘봉 뒷짐지고 가랭이 쩌억 쩍 찢어 다가온다
2500지점 침목 왜 안 갈았어 엉?
언제부터 내가 얘기했니 새끼들아
그러고도 밥이 목구멍으로 넘어들 가냐?
엉?

안 넘어간다

넘어가질 않는다 먹고 힘낼 밥이
싸늘히 고개숙인 등어리마다
모락모락 김이 오르고
뚝!
보수공 오씨의 나무젓가락이 부러진다

아스팔트의 사나이

날씨만큼이나 눅눅한
몸인데도
저녁 설거지는 씽크대에 가득한데도
텔레비전을 본다

세계의 아스팔트를 누빌
국내차를 구상하는 능력있는
남녀의 일과 사랑
혼혈아를 낳고 알콜중독자 남편과 사는 누나와
모범적인 형에게 눌려
항상 뒷전이던 막내의 미국생활
기지촌 클럽의 나타샤 아줌마는
흥미를 더해주고
CF광고 같은 장면 장면에
동생과 나는 입다물 줄도 모르고
그들의 얘기 속에서 빠져나오지도 못한 우리 앞에
다음주 예고를 가득 채우며
하얗게 비어버리는 화면

나보다 작은 TV 속에는
나를 작게 만드는 수많은 것들이 있고
나도 최고가 되고싶다는 친구의 말을 떠올리며
무엇이 진실인지
혼란 아닌 혼란이 되고

비염약 피로회복제 쌍화탕을
한입에 털어넣고는
무거운 머리를 베개에 묻어본다

내 안에 살아있는
끝없는 상승욕구와
이룰 수 있는지조차 모를 개인의 안락

이게 아니다 싶어
다시 일어나 불을 켜고

이것이 내가 사는 세상의 벽임을
내 삶과

수많은 사람들의 진실을
가로막는
자본의 벽임을 더듬어본다

이젠 불을 끄고
내 실체의 시간들을 위해
준비를 해야지
아스팔트를 걷는 내 발걸음을 위해서
우리 일하는 사람들의 발걸음을 위해서.

폐가

마당에 살구꽃이 핀 봄날
반쯤 주저앉은 초가지붕 위에
나비 한 마리 날개를 접고 있다
기운 문짝 뒤에서 밖을 노려보는 적막이
덥썩 뛰쳐 나올 것만 같은데
처마 서까래 끝에서 거미가
길을 내며 하강을 한다
기둥의 대못에는
농지세 독촉장이 걸려 있고
흙벽에 붙은 철지난 새농민 표지엔
가을 나락을 움켜쥔 농부가
빛바랜 웃음을 웃고 있다
이 집 주인 술주정으로 세월 비틀거리다가
두어 마지기 천수답 땡볕에 가슴 찢어지듯
울음 한 삽 토해놓고 세상을 뜨자
아내는 지겨운 가난이 두려워
자식들 허리에 차고 뭍으로 떠나서
지금은 빈 집에 개미들이 주인이 되어
빈 집 마루 틈새로 드나들고 있다

라면먹기

라면을 사기 위해 슬리퍼를 끌며 수퍼마켓에 갔다
우측 하단 마대를 가득 메운 라면들
한참 망설이다 제일 값싼 안성탕면을 사기로 했다.
집으로 와 냄비를 덜그럭거리며 설거지를 했고 적당히
가늠한 물을 휴대용 가스렌지에 올리고 불꽃을 켰다.
파아란 불꽃이 피어올랐다
방문을 열어둔 채 방으로 들어와 시집 한 권을 뒤척이다
콧속을 후볐고 튕겨져 나간 코딱지가 방바닥에 보였다

물 끓는 소리를 들은 나는 젓가락을 휘저으며 라면의 익은
상태를 확인했고 확인 한 후 바로 신문지 한 장을 꺼내
간단히 식탁을 만들었다. 뚜껑을 그릇삼아 라면을 먹으면서
또다시 시집을 꺼내 들었고 두 가지를 병행하기 힘든
나의 한계를 느끼고 시집을 접기로 했다. 라면 국물로 인해
얼룩져 가는 신문을 보다가 무심히 지나가는 바퀴벌레
한 마리를 죽였고 가려운 허벅지를 긁기도 했다
 국물마저 말끔히 비워버린 나는 다시 설거지를 덜그럭거
리며 했고
 콧노래 부르면서 물기 묻은 두 손을 추리닝 바지에 닦고

방문을 닫았다. 콧노래는 계속해서 흥얼거렸고 다시 시집을 든 나는
 한참 동안 뒤척이다 일순간 콧노래가 멎고 심장이 두근거리기 시작했다
 불현 듯 어머님이 보고 싶었다
 고향이 그리웠다

제3부 91년~94년

내력 / 왜 딸려! 김덕희

맞선 / 나의 이력서 김미숙

철산리 1 / 단풍 / 공구리벽 앞에서 김용만

발을 닦자 김윤월

어쩌면 난 풍뎅인지도 몰라 김윤태

총각 김 기사 백은주

야근일지 1 손정남

푸른 생명의 나무 유시주

탐조등 불빛을 바라보고 있노라면 이은영

짧은 시 1 / 짧은 시 3 / 아우에게 정경규

내력

 유난히 얼굴이 맑은 사내와 시월 밤 갈밭을 걸으며 먼 갯내음 같은 사내의 내력에 대해 조심스럽게 귀 기울입니다. 흙길 양켠으로는 사람 키를 훨씬 넘는 갈대들이 이리저리 몰려다니며 처녀아이처럼 키득거리고, 내 손을 꼭 쥔 사내 마음은 한 물결 두 물결 일렁이며 긴 숨을 내쉽니다.

 바다 건너 우뚝 솟은 장항제련소 굴뚝, 그 제련소에 다녔던 사내의 아비, 서해바다에 황혼이 깔릴 무렵이면 빈 도시락을 끼고 이 길을 걸었을 겁니다.

 서울 구로동 토굴 같은 달셋방에서 고된 하루를 지불하며 사는 사내는 그 아비와 너무나 닮아 있습니다. 사내는 더러 습한 방바닥에 엎드려 서해의 간이 배인 고향 마을을 떠올리고 갈대밭 갈대처럼 흔들리며 소리 죽여 울기도 하였습니다.

 달빛도 나와 길을 밝히는 시월 밤. 제법 쌀쌀한 기운에 내 어깨를 감싸며 걷는 사내의 더운 품. 지금 내 몸에서 숨 쉬고 있는 사내의 아이 또한 사내의 아비와 사내를 누가

뭐랄 것도 없이 이 하나 같은 갈대들마냥 마음껏 닮아 있을 듯합니다.

왜 딸려!

출근하기 무섭게 다리미를 잡으면
그때부터 듣게 되는
왜 딸려!
그 수없는 소리
하루 내내 버티어 서서
미싱사에게 일감을 대어주다 보면
귀가 앵앵거리도록 듣는
왜 딸려! 왜 딸리는 거야!
처음 몇 달간은 꿈속에서도
그 소릴 들었다

함부로 던져대는 철자가 얼굴을 때려와도
다리미질에 손 데여 쓰라려와도
내 이깟것 이기리라 다짐했건만
왜 딸려! 소리에는
늘 할 말이 없고 기가 죽었다
미싱대를 탁탁 치며 왜 딸려! 하는
그 소린 내가
출근길 빈혈로 쓰러졌을 때도

아련히 들려왔던 것 같다

시다 없는 세상에 살고 싶다는
어린 시다의 꿈은
더 아련한 현기증으로 오고
시다 없는 미싱사는 있을 수 없다고
시다 일을 우선 꼽아 보지만
봉제공장 시다는 어느 누구도
하려 들질 않는다

왜 하필이면 봉제공장 시다니?
요즘 여자들은 다 편하려고만 들지
누가 그런 일 하려는 줄 아니?
너 같은 애나 힘들게 시다 하지!
그렇다, 이건
복날이 따로 없이 다리미를 안고
하루 온통 서서 버티는
체력전이다
왜 떨려! 왜 떨리는 거야, 시다!

중노동의 전쟁이다, 이건

아득한 현기증과 비지땀
못 박힌 손 아린 물집으로
끈질기게 싸우는 시다
상처투성이, 왜 딸려! 시다
오, 나는 이 땅의
서럽고도 힘찬 詩다

맞선

봉제공장 숙련공 노동자인 여자와
평생 벌어도 내 집 마련하기 힘들다는 나라에서
그럴싸한 내 집 갖고 있다는
대학물 먹은 공무원 남자가
맞선을 본다

공순이의 이력을
꼼꼼히 챙기는 남자는
월간 여성지는 정기적으로 읽고
꽃꽂이쯤은 요새 여자들의
결혼 준비용 취미란다
취미와 특기가 바느질인 여자와는
체질적으로 달랐다

기름때 한번 만져보지 않았다는
매끄럽게 생긴 그 손과
바느질에 수없이 상채기난
가난한 노동자의 투박한 손은
애초부터 엇갈린 인연이었나 보다

바늘실 길게 꿴다며
시집 멀리 가겠다는 동료 아주머니 말씀이
혼기 찬
전라도 가시내의
오후를 멈추게 한다

나의 이력서

꼭 써야 할 몇 군데를 채우면
별볼일 없이 초라해지는
나의 이력서

내 나이쯤이면 학력란에
최소한 고졸이라도 써야 된다는데
두 줄 쓰고 나면
더 이상 쓸 것이 없어
왠지 허전해지는 마음

경력란
첫머리에 적게 되는
공장 시절을 되새기며
아스라하게 멀어진 지난 날들을
손가락으로 짚어본다

열 여섯 부푼
소녀의 꿈을 포기해야만 했던
가죽장갑공장 시절,

플라스틱 식판에 기숙사 밥을 먹을 때부터
눈물과 함께 삼켰던
28세 여공의 경력은
종이 위에 쓰기 전
먼저 가슴에 새겨진다

하청공장서 일한 거 빼고
월급 못 받은 곳 빼고
이번엔 웬만하면
더 오래 있어야지 생각하며 쓰길
어느덧 일곱 번째

이력서 한 장 보면
하루 생산량을 산출할 수 있다는
관리자의 말에
지나가 버린 청춘을
이력서와 함께
또 헤아린다

철산리 1

거기 누가
못을 치는가
늦은 이 밤
내 잠을 깨워
어느 가슴에
어느 어둠에
꽝꽝 못을 치는가
철거반원 돌아간
깜깜한 이 밤
자식새끼 크기 전
물려줄 집 한 칸 있어야겠다고
그대 가난처럼 기워진
문짝 하나 일으켜
어느 어둠에
어느 가슴에
꽝꽝 대못을 치는가

단풍

망치를 든 채 일어서다
문득 마주친
저기 저 산
푸른 하늘 아래
왼종일 와르르 와르르
비탈을 굴러
온몸을 태워
너와 나를 불지르는
용접불꽃 같이 눈부신
이 땅의 이 큰 그리움과 사랑

공구리벽 앞에서

단단한 것은
무쇠가 아닙니다
공구리벽이 아닙니다

까짓것
용접기로 불어버리고
함마드릴로 까뭉개면 되지만

단단한 것은
내 그리움이 못 미치는
끄덕 없는
당신의 마음입니다

발을 닦자

양말에 감싸이고
신발에 옥죄어진 채
오늘 몫의 나의 노동이 끝날 무렵엔
퉁퉁 부어올라 숨 한번 크게 내쉬지 못한
고단한 나의 발을 성실히 닦아주자

때와 땀과 무좀의 병균으로 떡칠이 되어
발가락 사이사이 아픔으로 신음하는
가엾은 나의 발을 깨끗이 닦아주자

내가 서 있는 땅에
내가 굳건히 서야할 땅에
말없는 우직함으로 성실히 버팅겨주는
고마운 나의 발을 정성스레 닦아주자

내가 살아가는데
생각할 수 있는 두뇌
일을 할 수 있는 손
피와 살과 뼈

보고 먹고 말할 수 있는 눈과 입
그 어느 것 하나 중요치 않은 부분이 있을까마는
나의 발에 더욱 애정이 가는 까닭은
이 모오든 것들의 맨 밑바닥에서
드러내지 않는 우직함으로
묵묵히 뛰어주는
그 사랑 때문이다

나도 그런 겸허한 사랑을
하고 싶기 때문이다

어쩌면 난 풍뎅인지도 몰라

어쩌면 난
풍뎅인지도 몰라

불빛을 향하여
온 밤을 날라와
부딪혀 윙윙대는
풍뎅인지도 몰라

여섯 다리 무릎 관절 꺾어
대가리 두 번 꼬아 돌려
판판한 데 뒤집어 놓으면
돈다 날개
파닥여 돈다

뒤집어 도는 풍뎅이의
제자리 맴돌기
그 슬픈 몸짓에
어쩌면 난
풍뎅인지도 몰라

사지 육신 꺾여
하염없이 맴만 도는
어쩌면 난
풍뎅인지도 몰라

총각 김 기사

컴퓨터 헤드 최종검사반
적층 공정에
관리직 사원이 새로 왔다
이쁘장한 총각 김기사
여성 사업장인 우리 공장
그는 무척 성적 농담을 즐겼고
막연한 우리의 거부감은
더욱 부풀었다

그러기 몇 달
우리는 보았다
관리직이면서도 노가다 핫바리와
별다름없는 그의 업무
계장 주임의 잔심부름하는 그는
우리 앞에 늘 과시했고
우린 묵인했다

그리고 우린 들었다
그는 우리와 같은 고졸자이며

공장장 빽으로 겨우 들어왔다는
관리직들은 아무도 그를 인정치 않고
월급은 우리와 비슷했다
잔업수당도 없이
임금인상 투쟁시기
파업으로 들어간 철농기간 노조 사무실에
술먹은 그가 찾아왔다
우린 그를 경계하며 가라 했다
그는 뻐대고 앉아
붉은 얼굴로 말을 엮었다

나도 당신들과 다르지 않다
나는 뭐냐
관리직 사원들에게도 무시 당하고
당신들은 나와 싸우려 한다
임금도 당신들과 비슷하지만
난 싸울 수도 없다
난 여기서 승진도 해야하고
평생 직장이다

날 이해해 달라 막을 수밖에 없는 입장이다

누군가 대꾸했다
그럼 병신 같이 왜 가만 있냐고
왜 못 싸우냐고
왜 당하고만 있냐고,
허탈하게 웃는 그를 보았다
뒤돌아 걷는 그의 등을 보았다

계층상승의 매혹적인 욕구로
어설픈 관리직이 된
그의 어설픈 위치를 보았다
그는 누구인가
우리의 편인가
우리의 적인가
노조사무실 스티로풀 위에 누워
김 기사를 생각한다

야근일지 1

숙아
너도 졸고 있구나
화학본드 냄새에 역겨운 기색도 없이
견뎌오다
언제부터인지 시들어 가는 몸을
가누지 못하고
너는 바다를 잊지 못해
새벽 세 시 쉬는 짬에는
짧은 단잠 속에서나마
군산 앞바다 드푸른 바닷소리를
듣는다고. 그래
때때로 내 귀에도
그 소리 들린다
사철 푸른 대숲에 잉잉대는
허기진 뱃고동소리.
하루에도 수백 번씩 내달리는 뻘밭
갈매기 쫓아, 그래
나도 내어달린다
이 꿀 같은 잠 속에서나마

나는 더러더러 고향집에 내려가보곤
뒷산 언저리에 진달래 뿌리가
붉어지는 것도 보고
흙담 아래 삼동추 잎이 돋아난 것까지도
보고 온다
미처 담장 안으로 들어가지 못하고
깨는 잠
더 이상 경직된
신호음으로 깨울 수 없는
우리들의 잠.

푸른 생명의 나무

어제는 찾아갔더라네
철산리 꼭대기에 사는 친구를
골목길은 여전했다네
팔년전 새벽 두 시
허리춤에 유인물 끼고 오를 때나, 그 친구
선한 웃음도 여전했다네

배냇웃음 어여쁜 아기 사이에 두고
우리 문득 두 눈 마주쳤다네
파업은 진압되고
하나씩 지하 보일러실 끌려가 얻어맞고 오던 날
휘청이는 다리 애써 가누며
너는 계단을 올라오고
나는 내려가고
분노와 설움으로 치떨리던, 그날
그날처럼 두 눈 마주쳤다네

여덟 번의 봄과
여덟 번의 겨울이 지나갔다네

우리는 그날처럼 아무 말도 하지 않았다네
설핏 웃음만 주고받고는
아가의 작은 손가락만 매만졌다네

미싱 한 대가 큰 자리 차지한 좁은 방에서
따뜻이 차려내준 미역국을 넘기며
나는 목이 메었네
온몸에 멍이 든 채 식은 땀을 흘리던 네가
이제 엄마가 되었구나
나는 자꾸만 목이 메었다네

골목길 내려오다
꼭대기에 선 채로 오래 손 흔들어 주던
친구 뒤돌아보았네
한 번도 노동해방 목청 높이지 않는 친구
그러나 모두들 떠나고 주저앉아도
언제나 그 자리에 우뚝 서 있는 친구

그 친구 등 뒤에 대추나무 한 그루

가난한 철산리 위로하듯이
주렁주렁 탐스런 대추 많이도
열려 있었다네
그 푸른 생명의 나무 아래로
흐르는 역사를 보았다네
꼬불꼬불한 골목길을 성난 물쌀 굽이치며
내려올 역사의 말없는 미소를 보았다네

탐조등 불빛을 바라보고 있노라면

탐조등 불빛을 바라보고 있노라면
그 주변으로 무수히 몸을 던지곤 하는 불나방들이
작은 불똥처럼 버글거리는 모습이 보인다

눈이 부시도록 푸르른 한낮엔
그리움도 제 몸도 한평 그늘에서 비실비실 기어다니다가
형광등 불빛 따라 찾아온 창백한 밤이면
그 불빛 아래 잿빛가루 날리며 서로 부딪히며 부둥키는
스물네 시간 눈감을 줄 모르는 우리들은
꼭 불나방 같다

탐조등 불빛을 바라보고 있노라면
그 주변으로 무수히 쌓여 죽은 불나방들이
운명처럼 거기에 말라붙어 있다

어둠과 불빛 사이에서 날고 부딪는 그들처럼
뒷골목 소매치기 옥이와
부산갈매기 술집 선이는 피흘리며 돌아왔다

굶주린 늑대의 눈 같기도 하고
불을 뿜는 총구 같기도 한 탐조등 불빛은
왜 그들을 놓아주지 않을까
벗어나지 못하고 연거푸 되돌아와 부딪는 그들은
꼭 불나방 같다
형광등 불빛 환한 한 평 방조차
창틈으로 힐끔힐끔 감시하는 탐조등

온몸 발가벗겨 훑어 비춰보는
저 거대한 탐조등이
어둠 속에서
나방의 날개를 하염없이 부러뜨리고 있다

짧은 시 1

너, 시를 쓰느냐
잔업 철야 끝내고 돌아와 코피 흘리며
열 일곱 네 슬픈 생애의 비망록을 적느냐
네가 공장에서 만든다는
고급 만년필은 누굴 주고
몽땅연필에 침발라가며
너는 너를 버렸다는 어머니께
편지를 쓰느냐

짧은 시 3

"모든 사람은 결국은 죽는다"
철학과 4년짜리 길수가 말했다
우리는 모두 우울했다

철학이 뭐예요, 밥도 될 수가 있나요?
공장생활 6년짜리 미숙이가 말했다
그러자 우리들은 일제히 일어나 박수를 쳤다.

아우에게

아우야
군대 마치고도
당당하게 돌아오지 못하고
휴가 다녀오듯
시골 부모님께 한 번 들르고
서울 형들 한 번씩 찾아보고
그 길로 다시 군대가듯
외항선 타고
남미까지 갔다온 아우야

제주도에 조랑말 치러 간다더니
부산에서 뭔가 큰 일 한다더니
그건 다 거짓말이었고
뱃사람 되기 위한 수작이었고
거짓말처럼 뱃사람 되어 나타난 아우야

소문대로 죽을 고비가 많더냐
소문대로 돈벌이가 되더냐
그렇겠지

거기도 사람 사는 데니까

법보다 주먹으로 다스린다는 얘기
여차하면 물귀신 된다는 얘기
일하지 않는 자의 몫이 더 크다는 얘기
그렇겠지
거기도 죽기 아니면 살기니까

자꾸 안부를 묻는 아우야
9남매 중 막내야
없어
네가 목숨을 걸고 잡아 올린
푸르고 싱싱한
힘 좋은 생선 같은 얘기는
없어

공단에 있는 동생 경숙이의 철없는 수다도
자꾸만 굳어 가는 어머니의 다리가
좋아졌다는 소식도

노가다판에서 술병으로 휘청거리는
큰형의 한 번만이라도 보기 좋은 웃음도
없어

죽기 아니면 살기니까

그러니까 아직은
아무 것도
없어 없어 없어

제4부 88년~90년

김하러 가신 어머니 1 / 김하러 가신 어머니 2　강보열
어느 노동자의 죽음을 생각하며　권기돈
어머니의 유품을 정리하며　김순필
대결 1 / 대결 3　김창복
그대 보내고　박경호
관악산 언저리에 나는 살으오　박청삼
희망　서금영
우리들의 땅　양명화
숙에게　유재건
터전　윤상남
가위　이현배
공단의 밤은 가고　황지선

김하러 가신 어머니 1

십오리 길을 걸어서 어머니 김공장에 나가시고
겨울 날씨는 매섭기만 하다

여자몸으로 남자일까지 해낸 홀어미농사
울며 지은 농사 헛고생만 하고
어머니 섬 건너 김공장에 나가신다

못 다한 어미의 책임을 느낀다며
불볕 아래 몸살이 나도록 일을 하고
한숨 돌린 이 겨울, 쉴 새도 없이
야윈 몸 허청이는 걸음 힘에 겨워하시며
하루 2교대 괜찮다며 괜찮다며 나가신다

소작농사 짓지 않고
내 농사로 여덟 마지기만 지어서
남은 두 딸 학교 보내고
가을이면 도시 사는 친척 쌀이라도 한말 보내고픈
그 욕심이 너무도 컸다고
겨울 한철을 또 몸부림치신다

잠든 딸의 얼굴 가만히 보고
어둑한 새벽길 나서시며
한해 고생이 제자리걸음만 시키는 이 현실에
이 알 수 없음에 이 어둠에
횃불을 들이대는 날을 꼭 다짐하며
꿋꿋이 가시는 길에 산너머로
붉은 새벽빛이 힘껏 차 오른다

김하러 가신 어머니 2

어머니 피곤한 눈 위로 가늘게 그어진 근심
집에 두고 온 어린 두 딸에게 가 있다

외따른 섬
김공장에선 이제 막바지 힘을 다그치고
황혼은 바다에서 출렁이며 오고 있다

일은 끝나가는데
어머니 마음은 달음박질을 친다
어서 가봐야 할텐데
지금은 밀물이다 곧 다리가 잠긴다

오늘은 못 건너요 사람들은 만류를 하는데
그럴 순 없어, 오늘은 꼭 가마고 했는데

다리의 중간을 넘어서며 물은 점점 차 오르는데
어둠마저 짙어 오는데
이젠 돌아갈 수도 없다

나를 도울 사람 하늘 아래 이 바다 위에 아무도 없다
조심스런 발 떨리는 한 발에
물살이 휘감아 당긴다
한 걸음 헛디디면 끝장이다. 어린 딸이 기다리는데

죽음을 넘어선 다리 끝에서
다시 살아나는 다리 끝에서
무너지는 긴장 속에 마지막 걸음을 떼는데
식은땀을 겨울 찬바람이 스친다

그 순간에도 버릴 수 없던 김 한 보자기
고맙게 들고, 어머니
어둠을 헤쳐 가시는데
김만을 좋아라 할 철없는 딸이
어서 보고 싶다

어느 노동자의 죽음을 생각하며

지금은 아직 전쟁이 아닌데 동지여
그대가 죽어야 한다면
우린
앞으로 또 얼마나 많이 죽어야 하는가
지금은 결코 죽을 수 없는데
정녕 죽어야 한다면
어이없게도 튕겨나온 쇳덩이에 맞아
개죽음을 당해야 한다면
이젠 매 초 매 분
생명을 걸고 노동해야 하는가
매일 유서를 품속 깊이 간직한 채
절망적으로 노동해야 하는가
그렇다면 동지여
우리의 목숨은 붙어 있어도 죽은 목숨이구나
푼돈을 댓가로 포탄 속에 온몸 내놓은
파리목숨이구나
우리는 포탄에 찢겨버리고야말 삶의 패잔병
언젠가는 자본의 오랏줄에 매달려
두 발 힘없이 늘어질 사형수구나

그대는 다만
노동자라는 죄명으로 사형을 먼저 집행 당했을 뿐
다시 진실로 그렇다면
동지여 이것은 분명 전쟁이다.
전쟁은 따로 없었다.
밤낮도 없이 선전포고조차 없이
전쟁은 오래 전에 시작되어 있었다
매일 수백 명이 부상당하고 그중 수십 명은 불구가 되고
몇 명씩은 어김없이 죽어나가는
전쟁이다 분명 이것은
그대
이 전쟁에 겁없이 뛰어들더니
감옥에서 나와 뒤돌아보지 않고
가장 용맹한 전사의 일원이 되더니
전장에 나가더니
이렇게 세상을 뜨는구나
피는 끓어오르는데 뜨고야 마는구나
지금 전쟁은 치열하고 적들의 대공세는 시작되는데
아직은 갈 길이 멀기만 한데

동지여 정녕 죽어야 한다면
그대 이 말 듣고 고이 잠들라
그대 영전 앞으로
지금도 온 생명을 걸고
그대가 가려했던 길
그대가 가다가 틀림없이 노동이 해방된 하늘 나라로 가고만 길
혁명
혁명으로 가는 길
잔업 특근 철야하며 가는 사람들 있다
깨어지고 부숴져도
죽고 또 죽어도 가는 사람들
너무나 많다

어머니의 유품을 정리하며

내 분주하게 떠돌던 세월 뒤편의
비가 새는 습한 다락에 아무렇게나 내버리고 돌보지 않던
어머니의 유품들
고향으로 부산으로 심지어는 제주도로까지
재첩, 옥수수, 생선행상, 포장마차, 새마을 공사인부……
때론 아버지 매질에
집을 나가기까지 하시던
그 고달픈 생애가 지금 내 앞에 놓여 있다

지금 머리와 허리를 이리도 경건하게 숙이고
있는 까닭은
어머니의 서러운 음성이며 눈물자국이 금시라도
여기저기서 봄눈 녹듯이 쏟아져 나올 것만 같기 때문이
리라.

왜정 때의 스산도제 분갑, 곱게 여며 놓은 한복 몇 벌,
파란구슬이
박힌 녹슬어버린 브롯지, "우리의 우방인 미국인의 선물
입니다"

선명히 새겨진 밀가루 포대, 몸뻬 속의 비닐지갑에서 나온 오백 원짜리
 지폐 여섯 장, 그리고 이처럼 시시한 것들
 빨래방망이, 머리빗, 녹슨 다리미 ······
 나의 죄라면
 나를 다스리지 못할 세월을 껴안고 남쪽의 변두리에
 태어난 죄밖에 없다
 끝도 시작도 없이 장엄하고 위대하기만 한 이 진보의 시대에
 언제나 뒤쳐지는 것 같은 열등감과 실의

 오늘에야 이따위 것들 하나하나 벗겨낸다
 세상을 똑바로 응시하기 위해
 그토록 높아만 보이던 이곳에 사다리를 놓고 오른다

 어머니의 유품 중에서 버리고 취할 것을 고르기 위해
 강물처럼 도도히 흐르고 있는
 공동의 정서를 염두에 두는
 이 지극히 평범하고 낡은 지혜는 영원하고

산다는 건 다 마찬가질 게다

누런 광목, 빛바랜 앨범 속 사진 몇 장
때묻은 돋보기 안경, 알미늄 밥그릇, 옷걸이, 대소쿠리
바느질 그릇, 나무로 깎은 바가지 ……
손이 닿을 때마다
못 감고 돌아가신 어머니의 눈빛이
그 눈빛이 수정처럼 맑고 찬란하게 빛난다
풀어진 내 눈에도 광채가 인다

아, 세상은 신선함 투성이다, 희한하다
희한한 일이다
참으로 희한한 일이다

대결 1

놈들은 총을 가지고 있다
놈들은 방탄복을 입고 있다

우리는 맨손이다
우리는 푸른 작업복 하나
땀 절은 작업복 하나 입고 있다

대결 3

담장 하나를 사이에 두고
무수히 부딪쳤던 놈들과 우리의 대결은
언제나 똑같은 모양으로 시작하여
똑같은 결과로 끝이 났다

놈들은 이기고
우리는 졌다
놈들은 더욱 당당해지고
우리는 만신창이로 짓이겨졌다

백번 천번을 싸우는 동안
놈들은 중화기로 무장하고
우리는 분노로 무장해갔다

그대 보내고

쓴 술을 마시고 흔들리며 돌아섭니다.
오늘처럼 술 취한 날엔
당신을 꼭 안아 보고 싶습니다.
멀어지는 당신 발소리 하나에
내 발 한 자욱 옮기면
가슴은 억장으로 무너집니다.

남들은 참 쉽게 인연을 얘기하며
만나고 헤어지지만
반듯한 셋방 하나도 구하지 못해
당신을 붙들지도 놓지도 못합니다
어쩌면 힘줄 불거진 여윈 두 팔로
당신을 껴안고 더운 입김
더운 몸짓으로 파고들어
왜곡된 자존심과 어줍잖은 치기와
가난의 부끄럼, 무지의 부끄럼
그 모두를 쏟아내고
그대와 나 늘상 함께이어야 함을
확인하고 싶습니다

열 두자 자개농이 아니어도
눈부신 보석 반지 아니어도
그냥 해 지면 찾아들어
마주 누울 그런 좋은 날 오겠지요
언제일지 몰라도
당신 닮은 딸 하나 갖고 싶습니다.

관악산 언저리에 나는 살으오

도시의 별들이 전기줄에 걸리고
초라한 외등 하나 골목에 조으는
관악산 언저리에 나는 살으오

밤으론 찬바람 창틈으로 불어지고
문풍지도 덩달아 서러워 울어대는
달동네 꼬방동네 단칸방에 살으오

쪼개고 쪼개는 쪼들은 살림살이
허리 한번 펴볼 겨를이 없어
해뜨고 지는 줄도 모르고 사오

층층이 겹친 가난 삐걱거리고
피곤하고 지친 몸이 오르는 길은
비탈길 가파라서 더욱 서럽소

내일 없는 오늘이지만 살아보자고
막막한 가슴 부둥켜안고
관악산 언저리에 나는 살으오

희망

그저 좋았습니다 그땐
서울행 기차를 타고
꿈이 얼얼이 섞인 이곳에
발을 내딛는 순간
절반은 다 된 거나 다름없었지요

식당에서 설거지통에 하루종일 손을 담가도
생맥주집에서 짓궂은 장난을 걸어도
그래 그래 괜찮다
다 이해하지 뭐 했지요

하루를 더하고 곱하면서
눈이 제 구실을 할 때쯤
높이 높이 쌓아놓았던 성
담장만하게 내려놓았습니다

세상 공기 깊이 깊이 빨아들이면서
그 담장마저도 오르기 힘들어
가만히 앉아 하늘을 봅니다

하늘은 마냥 파랗습니다.

우리들의 땅

우리에겐 무쇠와 같이 튼튼한 팔이 있다
허연 피부를 드러내며 장신구를 원하는 팔이 아니다.
장시간 노동에도 지칠 줄 모르며
모진 세상 모진 삶을 억센 손아귀의 힘으로
끊임없이 노동하여
우리들의 억눌린 땅을 일구어 내고야 말
살아 있는 힘이 우리에겐 얼마든지 있다.

우리에겐 무쇠와 같이 튼튼한 다리가 있다
늘씬한 각선미를 자랑하며 패션구두를 원하는 다리가 아니다.
장시간 걷는 걸음에도 지칠 줄 모르며
거친 세상 거친 삶을 툭툭 불거지는 근육의 힘으로
끊임없이 노동하며
우리들의 서러운 땅을 딛고 일어서야 할
거역할 수 없는 힘이 우리 주위에는 얼마든지 있다.

아직은 숨소리 거친 땅
아직은 불평등의 땅

아직은 남과 북으로 갈라진 땅
아직은 식민지의 땅

우리들은 이 땅에서 더 이상은 너와 나로
분리되어 살아갈 수 없다.
우리들은 이 땅에서 더 이상은
군화발의 무자비한 폭력 속에 우리의 형제
우리들의 땅을 빼앗긴 채 분노를 삭이며
살아갈 수만은 절대 없다.

자 동지여.
가슴으로 솟아나는 억센 팔을 걸고
다들 모였느냐
우리가 우리들의 참 세상을 열기 위해
함께 울고 함께 사랑하며
동지여
죽음으로 일어서 가자

숙에게

숙아
손을 내밀어 얼굴을 만져 주렴
5톤 프레스에 잘린
손목을 보지 말고
씩씩하게 웃고 있는
훈의 얼굴을 만져주렴

숙아
귀를 기울여 가슴에 대어보렴
5톤 프레스에 잘린
손목의 붕대를 보지 말고
힘차게 뛰는 박동에
박수를 보내며
훈의 가슴에 대어보렴

차디찬 하숙방에서 회의와 절망의 늪으로
자자꾸 빠져가려는
훈의 정신에
밧줄을 던져

늪에서
가냘픈 너의 육신으로라도
건져주렴

숙아
달빛이 환한 밤이다

숙아
아침이 있으면 밤이 있고
밤이 지나면 아침이 오듯
너의 온 몸을 던져
어둠에 떨고 있는
가난한 훈의
마음을 달래주렴

터전

언제부턴가 밀려오는
관광객의 인파 속에
세상 온갖 잡동사니 함께 들어와
너와 나의 삶이 흩어질 때
어머님은 좋은 세상 온다며
행주치마로 눈물 닦으시고
아버님은 쇠스랑 든 채
헛웃음 웃으시더니
형광등 하나에 농협부채 늘고
전화 한 대에 수협부채 늘고
냉장고 한 대에 농협 차압이
가스렌지 하나에 수협 차압이
미역 양식으로 이자 때우고
김 양식으로 민생고 해결
서울 것들 때문에 바다는 병들고
자가용 때문에 땅은 잘리어도
목숨 바쳐 지켜온 땅이기에
죽어도 떠나지 못한다며
오늘 새벽도 아버님은 바다로 가신다.

가위

고운 비단을 자르다 왔다고 뽐내는데
아름다운 아가씨의 머리를 자르다 왔다고 뽐내는데
굉장한 준공식의 오색테이프를 자르다 왔다고 뽐내는데

여기
이 볼품없는 가위 좀 보소
넓적하게 생겨먹은 것이 꼭 뺑덕어미 엉덩이를 닮았고
대충 대충 두들긴 것이 사춘기에 여드름이 박박난 남학생을 닮았고
날이 무디어 그 무엇도 자르지 못하는
참으로 볼품없고 쓰잘데없는 가위, 엿장시 가위

그러나
이게 이게 있다
노래할 줄을 안다
빼어난 가위, 그러니까 잘 생기고 힘 좋고 돈 많고 가문 좋고 학벌 좋은 가위가 분리시킨
너와 나, 남과 북, 위와 아래가 어우러지게 노래를 한다.

신명나게 노래한다.
세상에서 소외 받은 사람과 고물
그 모오든 것들로 하여금 제값을 하게 하고
그것이 얼마나 아름다운 것인가를 깨우쳐 준다.

공단의 밤은 가고

공단의 밤하늘은 어둡기도 하다.
귀를 찢는 음악에
흐늘거리는 몸부림에
묻어나는 고독을 달래도 보지만
허허로움에 취할 뿐.
공해에 가린 밤하늘엔
별빛마저 이는 바람에 아득하다.

송충이는 소나무를 먹고 살아야 한다.
제 분수도 모르고 날뛰다간 큰 코 다친다.
시키는대로 하면 댓가는 충분히 받는다.
처진 어깨 뒤로 내리붙는 말장난들
근엄한 얼굴의 인자한 미소로 토닥이지만
개나발.
속지 않아
사려있는 간교함에

하루종일 신나게 밟아대는 딸딸이
내지르는 가위질에

돌아오는 건 겨우 일당 사천원
오거리 커피숍 커피 네 잔 값

이래도 일한 댓가의 충분한 보상?
한 끼를 우아하게 먹기 위해선
두 끼를 굶어야 한다고?

거만한 팔자 걸음에
기름진 뱃때지 썰룩이는 낮잠에
파리 쫓으며 하품하는 게
그들의 전부인데,
온 삭신 쑤시는 걸 버티며 버티며
졸음에 손가락 찔려가며
천쪼가리
옷으로 만든 건
정녕 우리들인데……

우린 느낄 수 있어
공단의 새벽을

알아도 혼자론 도리가 없지
입 뻥긋했다간 찍히기 십상
자칫 나서다간 모가지가 십상
쉬 쉬!
곁눈질에 침묵……

그렇다고 이대로 갈 수는 없어
혼자가, 혼자가 모이면 열
열이, 열이 모이면 백
백이 자꾸 모이면 사천, 사만, 사천만

냉가슴 앓다 죽느니
가슴 펴고 외쳐보자!
하나되어 나아가자!
피터지는 싸움 속에서
우리 것 찾으러!

공단의 밤,
어둠은 부는 바람에 나즈막이 술렁인다

동녘에 희뿌옇게 달겨드는
미명에,
잠깨는 사람들 눈 비비는 소리
긴 기지개를 편다.

마이노리티시선 1

왜 딸려!

구로노동자문학회 창립10주년 기념시집

초판인쇄 / 1998년 6월 25일
초판발행 / 1998년 7월 10일

지은이 / 구로노동자문학회
펴낸이 / 조명희
펴낸곳 / 도서출판 갈무리
등록번호 / 1994. 3. 3.
등록일자 / 제17-161호

서울 구로구 구로본동 495-1호 청자빌딩 4층
전화 / 02-839-6851
팩스 / 02-851-0768

web page http://www.elim.net/~galmuri
e-mail galmuri@elim.net

ISBN 89-86114-18-6 03810

★ 잘못 만들어진 책은 바꾸어 드립니다.

지역 노동자문학회 주소

광주 노동자문학회
광주시 북구 운암동 421-30호 운암목욕탕 2층
☎ 062-951-4681

구로 노동자문학회
서울시 금천구 가산동 143-45호 3층
☎ 02-869-2583

마창 노동자문학회
경남 창원시 내동 456-12호 공단쇼핑 2층 31호
☎ 0551-87-2559

부천 노동자문학회
경기도 부천시 원미구 심곡2동 132-22호
☎ 032-651-3420

서산 노동자문학회
충남 서산시 석림동 주공아파트 207동 1101호
☎ 0455-666-0154

성남 노동자문학회
경기도 성남시 중원구 성남동 13-7호 인성빌딩 402호
☎ 0342-49-6877

인천 노동자문학회
경기도 인천시 부평구 십정동 575-23호 종로빌딩 5층
☎ 032-505-6374